BEI GRIN MACHT SICH IHR WISSEN BEZAHLT

- Wir veröffentlichen Ihre Hausarbeit, Bachelor- und Masterarbeit

- Ihr eigenes eBook und Buch - weltweit in allen wichtigen Shops

- Verdienen Sie an jedem Verkauf

Jetzt bei www.GRIN.com hochladen und kostenlos publizieren

Bibliografische Information der Deutschen Nationalbibliothek:

Die Deutsche Bibliothek verzeichnet diese Publikation in der Deutschen Nationalbibliografie; detaillierte bibliografische Daten sind im Internet über http://dnb.d-nb.de/ abrufbar.

Dieses Werk sowie alle darin enthaltenen einzelnen Beiträge und Abbildungen sind urheberrechtlich geschützt. Jede Verwertung, die nicht ausdrücklich vom Urheberrechtsschutz zugelassen ist, bedarf der vorherigen Zustimmung des Verlages. Das gilt insbesondere für Vervielfältigungen, Bearbeitungen, Übersetzungen, Mikroverfilmungen, Auswertungen durch Datenbanken und für die Einspeicherung und Verarbeitung in elektronische Systeme. Alle Rechte, auch die des auszugsweisen Nachdrucks, der fotomechanischen Wiedergabe (einschließlich Mikrokopie) sowie der Auswertung durch Datenbanken oder ähnliche Einrichtungen, vorbehalten.

Impressum:

Copyright © 2012 GRIN Verlag
Druck und Bindung: Books on Demand GmbH, Norderstedt Germany
ISBN: 9783668731967

Dieses Buch bei GRIN:

https://www.grin.com/document/429529

Fabian Weller

Nach der Machtübergabe an Adolf Hitler

Von der Führeridee zur Führerherrschaft

GRIN Verlag

GRIN - Your knowledge has value

Der GRIN Verlag publiziert seit 1998 wissenschaftliche Arbeiten von Studenten, Hochschullehrern und anderen Akademikern als eBook und gedrucktes Buch. Die Verlagswebsite www.grin.com ist die ideale Plattform zur Veröffentlichung von Hausarbeiten, Abschlussarbeiten, wissenschaftlichen Aufsätzen, Dissertationen und Fachbüchern.

Besuchen Sie uns im Internet:

http://www.grin.com/

http://www.facebook.com/grincom

http://www.twitter.com/grin_com

Westfälische Wilhelms-Universität Münster 14.02.2012

Nach der Machtübergabe an Adolf Hitler:
Von der Führeridee zur Führerherrschaft

Verfasser: Florian Weller

Inhaltsverzeichnis

1. Einleitung..3
2. Totalitäre Revolution...3
2.1 Neuwahlen im März..5
2.2 Gleichschaltung der Länder und Zerschlagung der Parteien..6
2.3 Anfänge der Außenpolitik und Vollendung der Machtübernahme..7
3. Fazit..9
Literaturverzeichnis..10

1. Einleitung

„Ich bin nicht Reichskanzler geworden, um anders zu handeln, als ich vierzehn Jahre lang gepredigt habe."[1] (Adolf Hitler, am 1. November 1933)

Adolf Hitler drückte der Geschichte ohne Frage seinen unauslöschlichen Stempel auf. Er war deutscher Diktator und Anstifter eines Völkermordes sowie eines Krieges, der den größten Niedergang der Zivilisationswerte der Neuzeit markierte.[2] In nur wenigen Jahren hat der Agitator den Weltzustand verändert wie kein anderer.[3] Diese Arbeit soll die Fragestellung untersuchen, wie Hitlers rasante Machtübernahme möglich war und sie als einen Prozess beschreiben, der mit der Ernennung Hitlers zum Reichskanzler im Januar 1933 in Kraft getreten war. Denn zuvor kann man nicht von einer Machtübernahme oder gar „Machtergreifung" der Nationalsozialisten sprechen. Hitler war gewollt. Sinnvoll ist daher der im Titel gewählte Begriff der Machtübergabe. Dabei war die Machtübergabe an Hitler der schlimmste Weg aus der Krise, in der die Weimarer Republik damals steckte und keineswegs unumgänglich.[4]
Die konservativen Rechten bildeten sich ein Hitler zähmen zu können, und dass die NS-Bewegung wie eine Seifenblase zerplatzen würde.[5] Ein fataler Irrtum, wie sich herausstellen sollte. Hitler hatte nie im Sinn, nur die ihm auferlegte Rolle auszufüllen. Stattdessen brachte er einen Prozess der Machtübernahme und Machstabilisierung ins Rollen, den man als totalitäre Revolution beschreiben kann.[6]

2. Totalitäre Revolution

Am 30. Januar 1933 ernannte Reichspräsident Hindenburg Adolf Hitler zum Reichskanzler. „Es ist fast wie ein Traum", lautete die Notiz, die Joseph Goebbels noch am selben Tag in seinem Tagebuch verfasste.[7] Jedoch waren weder Verbündete noch Gegner zu jenem Zeitpunkt von Hitlers Macht vollends

---

[1] Fest, Joachim: Hitler. Eine Biographie, Berlin 1973, S. 571.

[2] Kershaw, Ian: Hitlers Macht. Das Profil der NS-Herrschaft, München 1992, S. 13.

[3] Fest, Joachim: Hitler, S. 17.

[4] Kershaw, Ian: Hitlers Macht, S. 80.

[5] ebenda, S. 86.

[6] Vgl. dazu: Wehler, Hans-Ulrich: Der Nationalsozialismus. Bewegung, Füherherrschaft, Verbrechen. 1919-1945, München 2009, S. 55 - 58.

[7] Thamer, Hans-Ulrich: Verführung und Gewalt. Deutschland 1933-1945, München 1998, S. 232.

überzeugt. Ein bekanntes Zitat des Vizekanzlers Franz von Papens lautet: „In zwei Monaten haben wir Hitler in die Ecke gedrückt, daß er quietscht."[8] Doch diese Selbstzufriedenheit, die auf dem Gedanken aufbaute Hitler solide eingerahmt zu haben, um ihn für die Zwecke eines autoritären Umbaus von Weimar zähmen zu können lässt sich rückwirkend lediglich als Illusion bezeichnen.[9]

Tatsächlich baute Hitler bereits in der ersten Regimephase bis zum August 1934 eine rechtstotalitäre Monokratie auf und etablierte seine uneingeschränkte Herrschaft.[10] Die Regimeform, die sich dabei herausbildete wird von Wehler als charismatische Führerdiktatur bezeichnet.[11]

Grundlage der Führerherrschaft ist die Führerideologie.[12] Hitler konnte sich als unumstrittene Führerfigur durchsetzen, weil es ihm gelang, Person und Idee der Bewegung miteinander in Übereinstimmung zu bringen.[13] Diese Durchsetzung gelang freilich nicht über Nacht, jedoch gerade im Vergleich mit dem italienischen Faschismus unter Mussolini in einem rasanten Tempo. So stellte der französische Botschafter François-Poncet fest, "daß Hitler in fünf Monaten eine Wegstrecke zurückgelegt hat, für die der Faschismus fünf Jahre brauchte."[14] Bei Thamer heißt es Hitler habe Mussolini bei der Umsetzung der Führeridee in eine Führerherrschaft überholt.[15] Der Prozess, in der die Führerdiktatur ausgebaut und gefestigt wurde gewann jene Züge einer totalitären Revolution.[16] Diese totalitäre Revolution trieb die eigentliche Machteroberung und Machtstabilisierung Hitlers entscheidend an.[17] Im August 1934, als die erste Regimephase endete, hatte Hitler seine Führerdiktatur bereits ein großes Stück ausgebaut. Im folgenden soll untersucht werden, wie die Großziele der Beseitigung der Demokratie und die Vollendung des totalen Staates in so kurzer Zeit erreicht werden, und Hitler somit seine Führerherrschaft etablieren konnte.

---

[8] ebenda.

[9] Wehler, Hans-Ulrich: Nationalsozialismus, S. 53.

[10] ebenda.

[11] ebenda.

[12] Vgl dazu: Thamer, Hans-Ulrich: Der Nationalsozialismus, Stuttgart 2002, S. 457.

[13] ebenda.

[14] Thamer, Hans Ulrich: Verführung und Gewalt, S. 232.

[15] Thamer, Hans-Ulrich: Nationalsozialismus, S. 457.

[16] Wehler, Hans-Ulrich: Nationalsozialismus, S. 53.

[17] ebenda, S. 58.

Ein wesentlicher Bestandteil dieses Ausbaus war die vollständige Zerschlagung der Opposition. Die Organisationsformen der politischen Opposition wurden bereits nach sechs Monaten zerstört. Nach weiteren sechs Monaten waren die Reste einer regionalen Autonomie verschwunden, deren ursprünglichen Strukturen bereits wenige Wochen nach dem 30. Januar 1933 zerschlagen worden waren. Im dritten Halbjahr schließlich wurde die potentielle Gefahr, die für Hitler aus eigenen Reihen bestand, auf brutale Weise eliminiert.[18] Im folgenden Teil sollen die, für die Machteroberung entscheidenden Ereignisse seit Hitlers Ernennung zum Reichskanzler bis zum Ende der ersten Regimephase in drei Abschnitte gegliedert und dargelegt werden.

2.1 Neuwahlen im März

Die erste Phase erstreckte sich von der Ernennung Hitlers zum Reichskanzler bis zu den so genannten Märzwahlen. Das gemeinsame Ziel der Koalition war die Befreiung der deutschen Politik vom Marxismus.[19] Die Kommunisten sollten ausgeschaltet werden, den Sozialdemokraten und Gewerkschaften ihre politische Relevanz entledigt werden.[20] Verhandlungen mit dem Zentrum brachte Hitler zum Scheitern. Er beabsichtigte weder eine Erweiterung der Koalition, noch eine Tolerierung seiner Regierung durch das Zentrum. Hitler wollte Neuwahlen.[21] Mit der erhofften Mehrheit im Parlament strebte er eine formale Legitimation für seinen nationalen Kurs, sowie eine plebiszitäre Rückendeckung für das anvisierte Herrschaftsmonopol an.[22] Wichtigstes Machtinstrument Hitlers während der folgenden zwei Monate war das Notverordnungsrecht des Reichspräsidenten.[23] Der Wahlkampf war geprägt von Gewaltaktionen, vor allem gegen die KPD und SPD. Die „Braunhemden" beherrschten die Straße.[24] Am 1. Februar lautete Hitlers Wahlparole: „Angriff gegen den Marxismus".[25] Mitte Februar wies Göring die preußische Polizei an die paramilitärischen NS Verbände zu unterstützen. Dabei sollte auch von der Schusswaffe Gebrauch gemacht werden, um „dem Treiben staatsfeindlicher

---

[18] Kershaw, Ian: Hitlers Macht, S. 92.

[19] Frei, Norbert: Der Führerstaat. Nationalsozialistische Herrschaft 1933-1945, München 2002⁷, S 45.

[20] ebenda.

[21] ebenda.

[22] Wehler, Hans-Ulrich: Nationalsozialismus, S. 58.

[23] ebenda.

[24] Frei, Norbert: Führerstaat, S. 47.

[25] Thamer, Hans Ulrich: Verführung und Gewalt, S. 237.

Organisationen" ein Ende zu bereiten.[26] Als 50.000 Männer der SA, SS und Stahlhelme in Preußen zu Hilfspolizisten gemacht wurden eskalierte die Gewalt soweit, dass Hitler und Göring zu mehr Disziplin mahnten.
Am 27. Februar kam es zum Reichstagsbrand. Mit diesem Datum war auch das politische Schicksal der Kommunisten besiegelt.[27] In direkter Folge ordnete Göring Massenverhaftungen von Kommunisten an. Bis Mitte März befanden sich mehr als 7000 Kommunisten in Haft. In einer von Frick noch am 28. Februar entworfenen Notverordnung wurden Rechte wie freie Meinungsäußerung, Versammlungsrecht und Pressefreiheit schließlich aufgehoben. Damit war vor der Wahl schon eine Grundlage für die unmittelbar einsetzende nationalsozialistische Eroberung der Länder geschaffen worden.[28]
Die Wahl am 5. März brachte der NSDAP die erwartete Mehrheit, und zusammen mit der „Kampffront Schwarz-Weiß-Rot" die absolute Mehrheit. Es folgte in der zweiten Phase die Gleichschaltung der noch nicht von den Nationalsozialisten regierten Länder.

2.2 Gleichschaltung der Länder und Zerschlagung der Parteien

Die Gleichschaltung der Länder wurde innerhalb einer einzigen Woche durchgeführt. Sie lief dabei im Kern auf eine staatsstreichartige Unterwerfung unter die Berliner Zentralgewalt hinaus.[29] In diesem Zusammenhang kann man nun tatsächlich von einer „Machtergreifung" sprechen. Diese folgte jedoch keinem Generalstabsplan für den Aufbau des Führerstaats, sondern vielmehr dem spontanen Aufbegehren lokaler SA-Kohorten, darauf aus, sich beim Kampf um die Pfründe öffentlicher Ämter den begehrten Anteil zu sichern. Die Polizeifunktion der SA, die mit der Notverordnung vom 29. Februar einherging hatte die Wirkung eines Freibriefs. Unter dem Druck des Berliner Ultimatums sowie der SA Gewalt brachen die Länderregierungen schließlich zusammen.[30] Mit dem Ermächtigungsgesetz vom 22. März wurde das Prinzip der Gewaltenteilung durchbrochen. Dabei wurde die legislative Gewalt vollständig der Reichsregierung übertragen. So konnte diese verfassungsändernde Gesetze auch ohne den Reichstag erlassen.[31] Die Volkssouveränität als verfassungskonforme Legitimationsgrundlage der Weimarer Republik wurde

---

[26] Kershaw, Ian: Hitlers Macht, S. 94.

[27] Frei, Norbert: Führerstaat, S. 50.

[28] ebenda, S. 51.

[29] Wehler, Hans-Ulrich: Nationalsozialismus, S. 61.

[30] ebenda.

[31] ebenda, S. 63.

durch eine absolutistische Führersouveränität abgelöst. Hitler wurde somit vom Reichspräsidenten unabhängig und gewann eine eigene Machtbasis. Diese ermöglichte ihm den gesamten sozialen und politischen Pluralismus zu liquidieren.[32] Die kommunistischen Abgeordneten wurden verhaftet, in den Untergrund gedrängt oder sind geflohen. Ein formales Verbot der KPD folgte aber nicht.[33] Auch die einst so mächtige SPD war am Ende. Der Reichsbanner, die paramilitärische Massenorganisation der SPD, wurde noch im März/April zur Auflösung gezwungen. Wenig später folgte die Auflösung der Gewerkschaften.[34]

Die Zerschlagung der Linken war freilich ein Ziel, das Hitler mit den konservativen Rechten teilte. Jedoch hatten sie ihn nicht wie Anfangs erwartet „eingerahmt", sondern waren vielmehr von ihm überflügelt worden.[35]

Ende Juli lösten sich auch die liberalen Parteien auf. Die katholischen Parteien, die ohnehin nur noch aus letzten autonomen, politischen Einheiten bestanden lösten sich endgültig im Juni auf. Am 14. Juli 1933 wurde die NSDAP offiziell zur einzigen legalen Partei in Deutschland erklärt. Hitlers Autorität konnte nun von keiner organisierten Opposition mehr in Frage gestellt werden.[36] Wie die Führerideologie gehört zu den grundlegenden Merkmalen totalitärer Herrschaft auch der machtmonopolistische Führungsanspruch einer Partei.[37] Die Ausschaltung der Parteien, für die die Nationalsozialisten unter Hitler wohlgemerkt nur sechs Monate brauchten, kann daher als ein entscheidender Schritt der Machteroberung gesehen werden.

2.3 Anfänge der Außenpolitik und Vollendung der Machtübernahme

Unter Hitler kam es zu einem völlig neuen Stil der Außenpolitik. Am 14. Oktober ließ er überraschend den Austritt aus dem Völkerbund erklären. Damit ließ er auch sämtliche Abrüstungsverhandlungen platzen. Nun hatte Hitler die Außenpolitik selbst in die Hand genommen.[38]

---

[32] ebenda, S. 64.

[33] Kershaw, Ian: Hitlers Macht, S. 97.

[34] ebenda.

[35] ebenda, S. 98.

[36] ebenda, S. 99.

[37] Thamer, Hans-Ulrich: Nationalsozialismus, S. 464.

[38] Thamer, Hans-Ulrich: Verführung und Gewalt, S. 315.

Dieser Coup bedeutete zweifelsohne die radikalste Kampfansage an das Versailler System.[39] Zu dem neuen Stil gehörte auch die plebiszitäre Selbstbestätigung, die nicht lange auf sich warten ließ.[40] So kam es zur Volksabstimmung über den Austritt Deutschlands aus dem Völkerbund, und zu einer Neuwahl des Reichstages im November. 95 Prozent bejahten dabei den Austritt aus dem Völkerbund. Bei der Reichstagswahl stimmten von 45 Millionen Wahlberechtigten 39 Millionen der nationalsozialistischen Einheitsliste zu. Dabei gab es keine systematische Manipulation der Wahlergebnisse. Das Ergebnis spiegelte im wesentlichen die zu dem Zeitpunkt in Deutschland herrschende Stimmung.[41]

Der Führer hatte sich mit dem propagierten Ziel der inneren Befriedung und außenpolitischer Wehrhaftigkeit ein beträchtliches Prestige verschafft.[42] Zugleich war das Wahlergebnis aber auch Ausdruck der wachsenden Einschüchterung und bestärkte Hitler darin, Außenpolitik auf eigene Faust zu betreiben.[43]

Ein weiterer außenpolitischer Coup Hitlers folgte am 26. Januar 1934 mit dem deutsch-polnischen Nichtangriffspakt. Die beiden Regierungen trafen sich in der Ablehnung des Versailler Vertragssystems, und in der Furcht einer internationalen Isolierung.[44] Der Pakt entlastete Hitler vom internationalen Misstrauen nach Deutschlands Selbstisolierung in Genf. Dies kam der Politik der Aufrüstung zugute und entwaffnete die Kritik der diplomatischen Experten.[45]

Im Sommer 1934 konnte Hitler die nationalsozialistische Machtübernahme vollenden. Bisher musste die SA noch als eigenständiger Machtfaktor gelten.[46] Am 30. Juni 1934 änderte sich das schlagartig. Hitler gab die Absetzung des SA Stabschefs Ernst Röhm, so wie dessen Parteiausschluss bekannt. Der Reichskanzler holte zu einem blutigen Schlag gegen die innere Opposition aus. Insgesamt wurden etwa zweihundert SA Führer aus allen Teilen des Landes verhaftet und ins Gefängnis nach Stadelheim gebracht.[47] Unterdessen schickten

---

[39] ebenda.

[40] ebenda.

[41] Frei, Norbert: Führerstaat, S. 94.

[42] ebenda.

[43] Thamer, Hans-Ulrich: Verführung und Gewalt, S. 316.

[44] ebenda, S. 317.

[45] ebenda.

[46] Frei, Norbert: Führerstaat, S. 96.

[47] Fest, Joachim: Hitler, S. 636.

Göring, Himmler und Heydrich auch in Berlin die Kommandos los. Die in der „Reichsliste" genannten SA Führer wurden in die Lichterfelder Kadettenanstalt gebracht und dort ohne Verhandlung reihenweise erschossen.[48] Hitlers tatkräftiges Handeln als antirevolutionäre Kraft fand in der Bevölkerung Zustimmung und Bewunderung. Die Ermordung Röhms und anderer SA Führer stärkte die Popularität des Führers.[49] Außerdem band Hitler mit der Beseitigung der SA Führung die konservativen Machtgruppen enger an seine Vorstellung vom Führerstaat.[50] Mit diesem Schlag konnte Hitler, der sich von der Expansion und den Machtansprüchen der auf drei Millionen angewachsenen Parteiarmee bedroht fühlte, seine Führerdiktatur festigen. Nachdem Reichspräsident Hindenburg am 2. August 1934 starb, trat Hitler dessen Nachfolge an. Er vereinigte das Amt des Reichspräsidenten mit dem des Reichskanzlers. Hitler erreichte die Stufe des „full fascism".[51] Mit der staatlich organisierten Mordaktion vom Juni 1934 hatte er schließlich die unbegrenzte Füherherrschaft errichten können.[52]

3. Fazit

Adolf Hitler hat seine Macht in nur fünfzehn Monaten erobert und gefestigt. Für die erste Etappe des Gleichschaltungsprozesses benötigte er sogar nur sechs Monate. Dabei hatte Hitler vor seiner Ernennung zum Reichskanzler keineswegs einen perfekten machttechnischen Meisterplan vor Augen.[53] Ausgangslage für Hitlers Führerherrschaft war eine fatale Fehleinschätzung der konservativen Rechten. Auch ohne die Unterstützung und Billigung, die Hitler dabei innerhalb der deutschen Gesellschaft fand, wäre seine Machtübernahme nicht möglich gewesen. Dennoch muss man von einer erstaunlichen Zielstrebigkeit sprechen, mit der er die totalitäre Revolution in der ersten Regimephase vom Januar 1933 bis zum August 1934 vorangetrieben hat. Damit schaffte Hitler auch in kurzer Zeit alle Vorraussetzungen für die „Realisierung der dogmatisch vorgeformten rassenideologischen und lebensraumpolitischen Herrschaftsziele."[54]

---

[48] ebenda.

[49] Thamer, Hans-Ulrich: Verführung und Gewalt, S. 316.

[50] Kershaw, Ian: Hitlers Macht, S. 103.

[51] Vgl. dazu: Thamer, Hans-Ulrich: Nationalsozialismus, S. 460.

[52] ebenda, S. 461.

[53] Wehler, Hans-Ulrich: Nationalsozialismus, S. 53.

[54] Siehe: Thamer, Hans-Ulrich: Nationalsozialismus, S. 461.

Literaturverzeichnis:

Fest, Joachim: Hitler. Eine Biographie, Berlin 1973.

Frei, Norbert: Der Führerstaat. Nationalsozialistische Herrschaft 1933-1945, München 2002[7].

Kershaw, Ian: Hitlers Macht. Das Profil der NS-Herrschaft, München 1992.

Thamer, Hans-Ulrich: Der Nationalsozialismus, Stuttgart 2002.

Thamer, Hans-Ulrich: Verführung und Gewalt. Deutschland 1933-1945, München 1998.

Wehler, Hans-Ulrich: Der Nationalsozialismus. Bewegung, Füherherrschaft, Verbrechen. 1919-1945, München 2009.

BEI GRIN MACHT SICH IHR WISSEN BEZAHLT

- Wir veröffentlichen Ihre Hausarbeit, Bachelor- und Masterarbeit

- Ihr eigenes eBook und Buch - weltweit in allen wichtigen Shops

- Verdienen Sie an jedem Verkauf

Jetzt bei www.GRIN.com hochladen und kostenlos publizieren